卞尺丹几乙し丹卞と

Translated Language Learning

Aladdin et la Lampe Merveilleuse

Aladdin and the Wonderful Lamp
Antoine Galland

Français / English

Copyright © 2023 Tranzlaty
All rights reserved
Published by Tranzlaty

Original text by Antoine Galland
From ' *'Les mille et une nuits''*
First published in French in 1704
Taken from The Blue Fairy Book
Collected and translated by Andrew Lang

www.tranzlaty.com

Aladdin et la Lampe Merveilleuse
Aladdin and the Wonderful Lamp

Il était une fois un pauvre tailleur
Once upon a time there lived a poor tailor
il avait un fils appelé Aladdin
he had a son called Aladdin
Aladdin était un garçon négligent et oisif qui ne voulait rien faire
Aladdin was a careless, idle boy who would do nothing
Bien qu'il aimait jouer au ballon toute la journée
although, he did like to play ball all day long
C'est ce qu'il a fait dans la rue avec d'autres petits garçons oisifs
this he did in the streets with other little idle boys
Cela a tellement attristé le père qu'il est mort
This so grieved the father that he died
Sa mère pleurait et priait, mais rien n'y aidait.
his mother cried and prayed but nothing helped
malgré sa supplication, Aladdin n'a pas réparé ses habitudes.
despite her pleading, Aladdin did not mend his ways
Un jour, Aladdin jouait dans les rues comme d'habitude
One day Aladdin was playing in the streets as usual
Un étranger lui a demandé son âge
a stranger asked him his age
et il lui demanda s'il n'était pas le fils de Mustapha le tailleur.
and he asked him if he was not the son of Mustapha the tailor

--Je suis le fils de Mustapha, monsieur, répondit Aladin
"I am the son of Mustapha, sir" replied Aladdin

« Mais il est mort il y a longtemps »
"but he died a long time ago"

l'étranger était un célèbre magicien africain
the stranger was a famous African magician

et il tomba sur son cou et l'embrassa
and he fell on his neck and kissed him

« Je suis ton oncle » dit le magicien
"I am your uncle" said the magician

« Je t'ai connu de ta ressemblance avec mon frère »
"I knew you from your likeness to my brother"

« Va voir ta mère et dis-lui que je viens »
"Go to your mother and tell her I am coming"

Aladdin a couru à la maison et a parlé à sa mère de son oncle nouvellement retrouvé.
Aladdin ran home and told his mother of his newly found uncle

« En effet, enfant, » dit-elle, « ton père avait un frère »
"Indeed, child," she said, "your father had a brother"

« mais j'ai toujours pensé qu'il était mort »
"but I always thought he was dead"

Cependant, elle a préparé le souper pour le visiteur
However, she prepared supper for the visitor

et elle ordonna à Aladdin de chercher son oncle.
and she bade Aladdin to seek his uncle

L'oncle d'Aladin est venu chargé de vin et de fruits
Aladdin's uncle came laden with wine and fruit

Il tomba et embrassa l'endroit où Mustapha avait l'habitude de s'asseoir.
He fell down and kissed the place where Mustapha used to

sit

et il a dit à la mère d'Aladdin de ne pas être surprise
and he bid Aladdin's mother not to be surprised
Il a expliqué qu'il avait été hors du pays quarante ans
he explained he had been out of the country forty years
Il s'est ensuite tourné vers Aladdin et lui a demandé son métier.
He then turned to Aladdin and asked him his trade
Mais le garçon baissa la tête de honte
but the boy hung his head in shame
et sa mère a fondu en larmes
and his mother burst into tears
alors l'oncle d'Aladdin a offert de fournir de la nourriture
so Aladdin's uncle offered to provide food

Le lendemain, il acheta à Aladdin un beau costume.
The next day he bought Aladdin a fine suit of clothes
et il l'emmena partout dans la ville
and he took him all over the city
Il lui a montré les sites touristiques de la ville
he showed him the sights of the city
À la tombée de la nuit, il l'a ramené à la maison chez sa mère.
at nightfall he brought him home to his mother
Sa mère était ravie de voir son fils si bien
his mother was overjoyed to see her son so fine
Le lendemain, le magicien a conduit Aladdin dans de beaux jardins.
The next day the magician led Aladdin into some beautiful gardens

C'était loin des portes de la ville
this was a long way outside the city gates
Ils se sont assis près d'une fontaine
They sat down by a fountain
et le magicien tira un gâteau de sa ceinture
and the magician pulled a cake from his girdle
Il a partagé le gâteau entre eux deux
he divided the cake between the two of them
Puis ils ont continué leur voyage jusqu'à ce qu'ils atteignent presque les montagnes
Then they journeyed onward till they almost reached the mountains
Aladdin était si fatigué qu'il a supplié de rentrer
Aladdin was so tired that he begged to go back
Mais le magicien l'a séduit avec des histoires agréables
but the magician beguiled him with pleasant stories
et il l'a conduit malgré sa paresse
and he led him on in spite of his laziness
Enfin, ils arrivèrent à deux montagnes
At last they came to two mountains
Les deux montagnes étaient divisées par une vallée étroite
the two mountains were divided by a narrow valley
« Nous n'irons pas plus loin » dit le faux oncle
"We will go no farther" said the false uncle
« Je vais vous montrer quelque chose de merveilleux »
"I will show you something wonderful"
« ramasser des bâtons pendant que j'allume un feu »
"gather up sticks while I kindle a fire"
Quand le feu a été allumé, le magicien a jeté une poudre dessus.

When the fire was lit the magician threw a powder on it
Et il a dit quelques mots magiques
and he said some magical words
La terre trembla un peu et s'ouvrit devant eux
The earth trembled a little and opened in front of them
Une pierre plate carrée s'est révélée
a square flat stone revealed itself
et au milieu de la pierre se trouvait un anneau en laiton
and in the middle of the the stone was a brass ring
Aladdin a essayé de s'enfuir
Aladdin tried to run away
mais le magicien l'a attrapé
but the magician caught him
et lui a donné un coup qui l'a renversé
and gave him a blow that knocked him down
« Qu'est-ce que j'ai fait, mon oncle ? » dit-il piteusement
"What have I done, uncle?" he said piteously
le magicien dit plus gentiment: « Ne craignez rien, mais obéissez-moi »
the magician said more kindly: "Fear nothing, but obey me"
« Sous cette pierre se trouve un trésor qui sera le vôtre »
"Beneath this stone lies a treasure which is to be yours"
« et personne d'autre ne peut y toucher »
"and no one else may touch it"
« Alors tu dois faire exactement ce que je te dis »
"so you must do exactly as I tell you"
À la mention du trésor Aladdin oublia ses peurs
At the mention of treasure Aladdin forgot his fears

Il saisit la bague comme on lui avait dit
he grasped the ring as he was told
et il a dit les noms de son père et de son grand-père
and he said the names of his father and grandfather
La pierre est montée assez facilement
The stone came up quite easily
et quelques marches sont apparues devant eux
and some steps appeared in front of them
« Descends » dit le magicien
"Go down" said the magician
« Au pied de ces marches, vous trouverez une porte ouverte »
"at the foot of those steps you will find an open door"
« La porte mène à trois grandes salles »
"the door leads into three large halls"
« Remontez votre robe et traversez les couloirs »
"Tuck up your gown and go through the halls"
« Assurez-vous de ne rien toucher »
"make sure not to touching anything"
« Si vous touchez quelque chose, vous mourrez instantanément »
"if you touch anything, you will die instantly"
« Ces salles mènent à un jardin d'arbres fruitiers fins »
"These halls lead into a garden of fine fruit trees"
« Marchez jusqu'à ce que vous arriviez à une niche sur une terrasse »
"Walk on until you come to a niche in a terrace"
« Là, vous verrez une lampe allumée »
"there you will see a lighted lamp"
« Versez l'huile de la lampe »
"Pour out the oil of the lamp"

« Et puis apportez-moi la lampe »
"and then bring me the lamp"
Il tira une bague de son doigt et la donna à Aladdin
He drew a ring from his finger and gave it to Aladdin
et il lui a demandé de prospérer
and he bid him to prosper
Aladdin a tout trouvé comme l'avait dit le magicien
Aladdin found everything as the magician had said
Il a cueilli des fruits sur les arbres
he gathered some fruit off the trees
et, ayant obtenu la lampe, il arriva à l'entrée de la grotte
and, having got the lamp, he arrived at the mouth of the cave
Le magicien cria très vite
The magician cried out in a great hurry
« Dépêchez-vous et donnez-moi la lampe »
"Make haste and give me the lamp"
Ce qu'Aladdin a refusé de faire jusqu'à ce qu'il soit sorti de la grotte.
This Aladdin refused to do until he was out of the cave
Le magicien s'envola dans une terrible passion
The magician flew into a terrible passion
Il jeta un peu plus de poudre sur le feu
he threw some more powder on to the fire
Et puis il a jeté un autre sort magique
and then he cast another magic spell
et la pierre roulée à sa place
and the stone rolled back into its place
Le magicien a quitté la Perse pour toujours
The magician left Persia for ever

cela montrait clairement qu'il n'était pas l'oncle d'Aladin
this plainly showed that he was no uncle of Aladdin's
Ce qu'il était vraiment, c'était un magicien rusé
what he really was was a cunning magician
un magicien qui avait lu une lampe merveilleuse
a magician who had read of a wonderful lamp
une lampe qui ferait de lui l'homme le plus puissant du monde
a lamp which would make him the most powerful man in the world
mais lui seul savait où le trouver
but he alone knew where to find it
et il ne pouvait le recevoir que de la main d'un autre
and he could only receive it from the hand of another
Il avait choisi l'insensé Aladin à cette fin.
He had picked out the foolish Aladdin for this purpose
Il avait l'intention de prendre la lampe et de le tuer par la suite.
he had intended to get the lamp and kill him afterwards

Pendant deux jours, Aladdin est resté dans l'obscurité
For two days Aladdin remained in the dark
Il pleurait et se lamentait sur sa situation
he cried and lamented his situation
Enfin, il joignit les mains en prière.
At last he clasped his hands in prayer
et ce faisant, il frotta l'anneau
and in so doing he rubbed the ring
Le magicien avait oublié de lui reprendre l'anneau
the magician had forgotten to take the ring back from him

Immédiatement, un génie énorme et effrayant surgit de la terre
Immediately an enormous and frightful genie rose out of the earth
« Que voudrais-tu que je fasse ? »
"What would thou have me do?"
« Je suis l'esclave de l'anneau »
"I am the Slave of the Ring"
« et je t'obéirai en toutes choses »
"and I will obey thee in all things"
Aladdin répondit sans crainte : « Délivre-moi de cet endroit ! »
Aladdin fearlessly replied: "Deliver me from this place!"
et la terre s'ouvrit au-dessus de lui
and the earth opened above him
et il s'est retrouvé dehors
and he found himself outside
Dès que ses yeux purent supporter la lumière, il rentra chez lui
As soon as his eyes could bear the light he went home
Mais il s'est évanoui quand il est arrivé
but he fainted when he got there
Quand il revint à lui-même, il raconta à sa mère ce qui s'était passé.
When he came to himself he told his mother what had happened
et il lui montra la lampe
and he showed her the lamp
et il lui arrosa les fruits qu'il avait cueillis dans le jardin
and he shower her the the fruits he had gathered in the

garden
Les fruits étaient, en réalité, des pierres précieuses
the fruits were, in reality, precious stones
Il a ensuite demandé de la nourriture
He then asked for some food
« Hélas! enfant », a-t-elle dit
"Alas! child" she said
« Je n'ai rien dans la maison »
"I have nothing in the house"
« mais j'ai filé un peu de coton »
"but I have spun a little cotton"
« et j'irai vendre le coton »
"and I will go and sell the cotton"
Aladdin lui ordonna de garder son coton
Aladdin bade her keep her cotton
Il lui a dit qu'il vendrait la lampe au lieu du coton
he told her he would sell the lamp instead of the cotton
Comme elle était très sale, elle a commencé à frotter la lampe
As it was very dirty she began to rub the lamp
Une lampe propre pourrait atteindre un prix plus élevé
a clean lamp might fetch a higher price
Instantanément, un génie hideux est apparu
Instantly a hideous genie appeared
Il lui a demandé ce qu'elle aimerait avoir
he asked what she would like to have
À la vue du génie, elle s'évanouit
at the sight of the genie she fainted
mais Aladin, arrachant la lampe, dit hardiment:
but Aladdin, snatching the lamp, said boldly:
« Apportez-moi quelque chose à manger! »

"Fetch me something to eat!"
Le génie revint avec un bol en argent
The genie returned with a silver bowl
Il avait douze assiettes en argent contenant des viandes riches
he had twelve silver plates containing rich meats
et il avait deux tasses en argent et deux bouteilles de vin
and he had two silver cups and two bottles of wine
La mère d'Aladdin, quand elle est revenue à elle-même, a dit:
Aladdin's mother, when she came to herself, said:
« D'où vient cette splendide fête? »
"Whence comes this splendid feast?"
« Ne demande pas d'où ça vient, mais mange, maman » répondit Aladin
"Ask not where it came from, but eat, mother" replied Aladdin
Ils se sont donc assis au petit déjeuner jusqu'à l'heure du dîner.
So they sat at breakfast till it was dinner-time
et Aladdin a parlé de la lampe à sa mère
and Aladdin told his mother about the lamp
Elle l'a supplié de le vendre
She begged him to sell it
« N'ayons rien à faire avec les démons »
"let us have nothing to do with devils"
mais Aladdin avait pensé qu'il serait plus sage d'utiliser la lampe
but Aladdin had thought it would be wiser to use the lamp
« Le hasard nous a fait prendre conscience de ses

vertus »
"chance hath made us aware of its virtues"
« Nous l'utiliserons, et l'anneau aussi »
"we will use it, and the ring likewise"
« Je le porterai toujours à mon doigt »
"I shall always wear it on my finger"
Quand ils eurent mangé tout ce que le génie avait apporté, Aladdin vendit l'une des assiettes d'argent.
When they had eaten all the genie had brought, Aladdin sold one of the silver plates
Et quand il a de nouveau eu besoin d'argent, il a vendu l'assiette suivante
and when he needed money again he sold the next plate
Il a fait cela jusqu'à ce qu'il ne reste plus de plaques
he did this until no plates were left
Il fit alors un autre vœu au génie
He then he made another wish to the genie
et le génie lui donna un autre jeu d'assiettes
and the genie gave him another set of plates
et ainsi ils vécurent pendant de nombreuses années
and thus they lived for many years

Un jour, Aladin entendit un ordre du sultan
One day Aladdin heard an order from the Sultan
Tout le monde devait rester à la maison et fermer ses volets
everyone was to stay at home and close their shutters
la princesse allait et venait de son bain
the Princess was going to and from her bath
Aladdin a été saisi par le désir de voir son visage
Aladdin was seized by a desire to see her face

même s'il était très difficile de voir son visage
although it was very difficult to see her face
Parce que partout où elle allait, elle portait un voile
because everywhere she went she wore a veil
Il se cacha derrière la porte du bain
He hid himself behind the door of the bath
et il jeta un coup d'œil à travers une faille dans la porte
and he peeped through a chink in the door
La princesse souleva son voile en entrant dans le bain
The Princess lifted her veil as she went in to the bath
et elle était si belle qu'Aladdin est tombé amoureux d'elle au premier regard
and she looked so beautiful that Aladdin fell in love with her at first sight
Il est rentré chez lui tellement changé que sa mère a eu peur
He went home so changed that his mother was frightened
Il lui a dit qu'il aimait la princesse si profondément qu'il ne pouvait pas vivre sans elle.
He told her he loved the Princess so deeply that he could not live without her
et il voulait lui demander en mariage de son père
and he wanted to ask her in marriage of her father
Sa mère, en entendant cela, a éclaté de rire
His mother, on hearing this, burst out laughing
mais Aladin la persuada enfin d'aller devant le sultan
but Aladdin at last prevailed upon her to go before the Sultan
et elle allait porter sa demande
and she was going to carry his request
Elle alla chercher une serviette et y déposa les fruits

magiques
She fetched a napkin and laid in it the magic fruits
Les fruits magiques du jardin enchanté
the magic fruits from the enchanted garden
Les fruits scintillaient et brillaient comme les plus beaux bijoux
the fruits sparkled and shone like the most beautiful jewels
Elle a pris les fruits magiques avec elle pour plaire au sultan
She took the magic fruits with her to please the Sultan
et elle se mit en route, confiante dans la lampe
and she set out, trusting in the lamp
Le grand vizir et les seigneurs du conseil venaient d'entrer dans le palais
The Grand Vizier and the lords of council had just gone into the palace
et elle se plaça devant le sultan
and she placed herself in front of the Sultan
Cependant, il n'a pas fait attention à elle.
He, however, took no notice of her
Elle y est allée tous les jours pendant une semaine
She went every day for a week
et elle se tenait au même endroit
and she stood in the same place
Lorsque le concile se sépara le sixième jour, le sultan dit à son vizir :
When the council broke up on the sixth day the Sultan said to his Vizier:
« Je vois une certaine femme dans la salle d'audience tous les jours »
"I see a certain woman in the audience-chamber every

day"

« Elle porte toujours quelque chose dans une serviette »
"she is always carrying something in a napkin"

« Appelez-la pour qu'elle vienne chez nous, la prochaine fois »
"Call her to come to us, next time"

« pour que je puisse découvrir ce qu'elle veut »
"so that I may find out what she wants"

Le lendemain, le vizir lui fit un signe
Next day the Vizier gave her a sign

Elle monta au pied du trône
she went up to the foot of the throne

et elle resta agenouillée jusqu'à ce que le sultan lui parle.
and she remained kneeling till the Sultan spoke to her

« Lève-toi, bonne femme, dis-moi ce que tu veux »
"Rise, good woman, tell me what you want"

Elle hésita, alors le sultan renvoya tout sauf le vizir
She hesitated, so the Sultan sent away all but the Vizier

et il lui ordonna de parler franchement
and he bade her to speak frankly

et il a promis de lui pardonner tout ce qu'elle pourrait dire
and he promised to forgive her for anything she might say

Elle lui a ensuite parlé de l'amour violent de son fils pour la princesse
She then told him of her son's violent love for the Princess

« Je l'ai prié de l'oublier », a-t-elle dit.
"I prayed him to forget her" she said

« Mais les prières ont été vaines »

"but the prayers were in vain"

« Il a menacé de faire un acte désespéré si je refusais d'y aller »
"he threatened to do some desperate deed if I refused to go"

« Et donc je demande à Votre Majesté la main de la Princesse »
"and so I ask your Majesty for the hand of the Princess"

« mais maintenant je te prie de me pardonner »
"but now I pray you to forgive me"

« Et je prie pour que tu pardonnes à mon fils Aladin »
"and I pray that you forgive my son Aladdin"

Le sultan lui demanda gentiment ce qu'elle avait dans la serviette
The Sultan asked her kindly what she had in the napkin

Alors elle a déplié la serviette
so she unfolded the napkin

et elle a présenté les bijoux au sultan
and she presented the jewels to the Sultan

Il a été frappé par la beauté des bijoux
He was thunderstruck by the beauty of the jewels

et il se tourna vers le vizir et lui demanda: « Que dis-tu? »
and he turned to the Vizier and asked "What sayest thou?"

« Ne devrais-je pas accorder la princesse à quelqu'un qui la valorise à un tel prix? »
"Ought I not to bestow the Princess on one who values her at such a price?"

Le vizir la voulait pour son propre fils
The Vizier wanted her for his own son

alors il supplia le sultan de la retenir pendant trois

mois.
so he begged the Sultan to withhold her for three months
Peut-être que dans le temps que son fils s'arrangerait pour faire un cadeau plus riche
perhaps within the time his son would contrive to make a richer present
Le sultan exauça le vœu de son vizir
The Sultan granted the wish of his Vizier
et il a dit à la mère d'Aladdin qu'il avait consenti au mariage
and he told Aladdin's mother that he consented to the marriage
mais elle ne doit plus comparaître devant lui pendant trois mois.
but she must not appear before him again for three months

Aladdin a attendu patiemment pendant près de trois mois
Aladdin waited patiently for nearly three months
Après deux mois, sa mère est allée au marché
after two months had elapsed his mother went to go to the market
Elle allait en ville pour acheter du pétrole
she was going into the city to buy oil
Quand elle est arrivée au marché, tout le monde se réjouissait
when she got to the market found every one rejoicing
Alors elle a demandé ce qui se passait
so she asked what was going on
« Tu ne sais pas ? » fut la réponse
"Do you not know?" was the answer

« le fils du grand vizir doit épouser la fille du sultan ce soir »
"the son of the Grand Vizier is to marry the Sultan's daughter tonight"
Essoufflée, elle courut et dit à Aladdin
Breathless, she ran and told Aladdin
au début, Aladdin était submergé
at first Aladdin was overwhelmed
Mais alors il a pensé à la lampe et l'a frottée
but then he thought of the lamp and rubbed it
Une fois de plus, le génie est apparu hors de la lampe
once again the the genie appeared out of the lamp
« Quelle est ta volonté ? » demanda le génie
"What is thy will?" asked the genie
« Le sultan, comme tu le sais, a rompu la promesse qu'il m'avait faite »
"The Sultan, as thou knowest, has broken his promise to me"
« le fils du vizir doit avoir la princesse »
"the Vizier's son is to have the Princess"
« Mon commandement est que ce soir vous ameniez la mariée et l'époux »
"My command is that tonight you bring the bride and bridegroom"
« Maître, j'obéis » dit le génie
"Master, I obey" said the genie
Aladdin se rendit alors dans sa chambre
Aladdin then went to his chamber
Effectivement, à minuit, le génie transporta un lit
sure enough, at midnight the genie transported a bed
et le lit contenait le fils du vizir et la princesse

and the bed contained the Vizier's son and the Princess
« Prenez cet homme nouvellement marié, génie », dit-il
"Take this new-married man, genie" he said
« Mettez-le dehors dans le froid pour la nuit »
"put him outside in the cold for the night"
« Puis retournez-les à l'aube »
"then return them again at daybreak"
Alors le génie sortit le fils du vizir du lit
So the genie took the Vizier's son out of bed
et il laissa Aladin avec la princesse
and he left Aladdin with the Princess
« Ne crains rien, » lui dit Aladin, « tu es ma femme »
"Fear nothing," Aladdin said to her, "you are my wife"
« Tu m'as été promis par ton père injuste »
"you were promised to me by your unjust father"
« et aucun mal ne vous arrivera »
"and no harm shall come to you"
La princesse était trop effrayée pour parler
The Princess was too frightened to speak
et elle a passé la nuit la plus misérable de sa vie
and she passed the most miserable night of her life
bien qu'Aladdin se coucha à côté d'elle et dormit profondément
although Aladdin lay down beside her and slept soundly
À l'heure convenue, le génie est allé chercher dans l'époux frissonnant
At the appointed hour the genie fetched in the shivering bridegroom
Il l'a couché à sa place
he laid him in his place
et il ramena le lit au palais

and he transported the bed back to the palace
Le sultan vint souhaiter bonne matinée à sa fille.
Presently the Sultan came to wish his daughter good-morning
Le fils du vizir malheureux sauta et se cacha
The unhappy Vizier's son jumped up and hid himself
et la princesse ne dirait pas un mot
and the Princess would not say a word
et elle était très triste
and she was very sorrowful
Le sultan envoya sa mère chez elle
The Sultan sent her mother to her
« Pourquoi ne parles-tu pas à ton père, enfant? »
"Why will you not speak to your father, child?"
« Que s'est-il passé ? » demanda-t-elle.
"What has happened?" she asked
La princesse soupira profondément
The Princess sighed deeply
Et enfin, elle raconta à sa mère ce qui s'était passé.
and at last she told her mother what had happened
Elle lui raconta comment le lit avait été transporté dans une maison étrange
she told her how the bed had been carried into some strange house
et elle a raconté ce qui s'était passé dans la maison
and she told of what had happened in the house
Sa mère ne la croyait pas le moins du monde
Her mother did not believe her in the least
et elle lui a dit de le considérer comme un rêve oisif
and she bade her to consider it an idle dream
La nuit suivante, exactement la même chose s'est

produite.
The following night exactly the same thing happened
Et le lendemain matin, la princesse ne voulait pas parler non plus.
and the next morning the princess wouldn't speak either
sur le refus de la princesse de parler, le sultan menaça de lui couper la tête
on the Princess's refusal to speak, the Sultan threatened to cut off her head
Elle a ensuite avoué tout ce qui s'était passé.
She then confessed all that had happened
et elle lui demanda de demander au fils du vizir
and she bid him to ask the Vizier's son
Le sultan dit au vizir de demander à son fils
The Sultan told the Vizier to ask his son
et le fils du vizir a dit la vérité
and the Vizier's son told the truth
il a ajouté qu'il aimait beaucoup la princesse
he added that he dearly loved the Princess
« mais je préfère mourir que de passer une autre nuit aussi effrayante »
"but I would rather die than go through another such fearful night"
et il souhaitait être séparé d'elle, ce qui lui fut accordé
and he wished to be separated from her, which was granted
et il y avait une fin à la fête et à la joie
and there was an end to feasting and rejoicing

Puis les trois mois étaient terminés
then the three months were over

Aladin envoya sa mère rappeler au sultan sa promesse
Aladdin sent his mother to remind the Sultan of his promise
Elle se tenait au même endroit qu'avant
She stood in the same place as before
le sultan avait oublié Aladin
the Sultan had forgotten Aladdin
mais aussitôt il se souvint de lui à nouveau
but at once he remembered him again
et il lui demanda de venir à lui
and he asked for her to come to him
En voyant sa pauvreté, le sultan se sentit moins enclin que jamais à tenir parole.
On seeing her poverty the Sultan felt less inclined than ever to keep his word
et il demanda conseil à son vizir
and he asked his Vizier's advice
il lui conseilla d'accorder une grande valeur à la princesse
he counselled him to set a high value on the Princess
un prix si élevé qu'aucun homme vivant ne pourrait y arriver
a price so high that no man living could come up to it
Le sultan se tourna alors vers la mère d'Aladin, en disant:
The Sultan then turned to Aladdin's mother, saying:
« Bonne femme, un sultan doit se souvenir de ses promesses »
"Good woman, a Sultan must remember his promises"
« et je me souviendrai de ma promesse »
"and I will remember my promise"

« Mais ton fils doit d'abord m'envoyer quarante bassins d'or »
"but your son must first send me forty basins of gold"
« et les bassins d'or doivent être remplis de bijoux »
"and the gold basins must be brimful of jewels"
« Et ils doivent être portés par quarante chameaux noirs »
"and they must be carried by forty black camels"
« Et devant chaque chameau noir, il doit y en avoir un blanc »
"and in front of each black camel there is to be a white one"
« et ils doivent tous être magnifiquement habillés »
"and they are all to be splendidly dressed"
« Dites-lui que j'attends sa réponse »
"Tell him that I await his answer"
La mère d'Aladin s'inclina
The mother of Aladdin bowed low
Et puis elle est rentrée chez elle
and then she went home
même si elle pensait que tout était perdu
although she thought all was lost
Elle a donné le message à Aladdin
She gave Aladdin the message
et elle ajouta : « Il peut attendre assez longtemps pour votre réponse ! »
and she added, "He may wait long enough for your answer!"
« Pas aussi longtemps que tu penses, maman », répondit son fils
"Not so long as you think, mother" her son replied

« Je ferais beaucoup plus que ça pour la princesse »
"I would do a great deal more than that for the Princess"
et il convoqua à nouveau le génie
and he summoned the genie again
et en quelques instants les quatre-vingts chameaux sont arrivés
and in a few moments the eighty camels arrived
et ils ont pris toute la place dans la petite maison et le jardin
and they took up all space in the small house and garden
Aladin les fit partir pour le palais
Aladdin made them set out to the palace
et ils ont été suivis par sa mère
and they were followed by his mother
Ils étaient très richement habillés
They were very richly dressed
et de splendides bijoux étaient sur leurs ceintures
and splendid jewels were on their girdles
et tout le monde s'est pressé pour les voir
and everyone crowded around to see them
et les bassins d'or qu'ils portaient sur leur dos
and the basins of gold they carried on their backs
Ils entrèrent dans le palais du sultan
They entered the palace of the Sultan
et ils s'agenouillèrent devant lui en demi-cercle
and they kneeled before him in a semi circle
et la mère d'Aladin les présenta au sultan
and Aladdin's mother presented them to the Sultan
Il n'hésita plus, mais dit :
He hesitated no longer, but said:
« Bonne femme, retourne à ton fils »

"Good woman, return to your son"
« dis-lui que je l'attends à bras ouverts »
"tell him that I wait for him with open arms"
Elle n'a pas perdu de temps pour le dire à Aladdin
She lost no time in telling Aladdin
et elle lui dit de se hâter
and she bid him make haste
Mais Aladdin a d'abord appelé le génie
But Aladdin first called for the genie
« Je veux un bain parfumé », dit-il.
"I want a scented bath" he said
« et je veux un cheval plus beau que celui du sultan »
"and I want a horse more beautiful than the Sultan's"
« et je veux vingt serviteurs pour m'assister »
"and I want twenty servants to attend me"
« Et je veux aussi que six serviteurs magnifiquement habillés attendent ma mère
"and I also want six beautifully dressed servants to wait on my mother
« Et enfin, je veux dix mille pièces d'or dans dix bourses »
"and lastly, I want ten thousand pieces of gold in ten purses"
À peine avait-il dit ce qu'il voulait et cela a été fait
No sooner had he said what he wanted and it was done
Aladin est monté sur son beau cheval
Aladdin mounted his beautiful horse
et il est passé dans les rues
and he passed through the streets
Les serviteurs jetèrent de l'or dans la foule au fur et à mesure qu'ils avançaient.

the servants cast gold into the crowd as they went
Ceux qui avaient joué avec lui dans son enfance ne le connaissaient pas
Those who had played with him in his childhood knew him not
il était devenu très beau
he had grown very handsome
Quand le sultan le vit, il descendit de son trône
When the Sultan saw him he came down from his throne
Il a embrassé son nouveau gendre à bras ouverts
he embraced his new son in law with open arms
et il le conduisit dans une salle où un festin était répandu
and he led him into a hall where a feast was spread
il avait l'intention de le marier à la princesse le jour même
he intended to marry him to the Princess that very day
Mais Aladdin a refusé de se marier tout de suite
But Aladdin refused to marry straight away
« Je dois d'abord construire un palais digne de la princesse »
"first I must build a palace fit for the princess"
Et puis il a pris congé
and then he took his leave
Une fois à la maison, il dit au génie :
Once home, he said to the genie:
« Construis-moi un palais du plus beau marbre »
"Build me a palace of the finest marble"
« Serti le palais de jaspe, d'agate et d'autres pierres précieuses »
"set the palace with jasper, agate, and other precious

stones"

« Au milieu, tu me construiras une grande salle avec un dôme »
"In the middle you shall build me a large hall with a dome"

« Ses quatre murs seront de masses d'or et d'argent »
"its four walls will be of masses of gold and silver"

« Et chaque mur aura six fenêtres »
"and each wall will have six windows"

« Et les treillis des fenêtres seront serties de bijoux précieux »
"and the lattices of the windows will be set with precious jewels"

« Mais il doit y avoir une fenêtre qui n'est pas décorée »
"but there must be one window that is not decorated"

« Allez voir que ça se fait! »
"go see that it gets done!"

Le palais était terminé le lendemain
The palace was finished by the next day

Le génie l'a porté au nouveau palais
the genie carried him to the new palace

et il lui montra comment tous ses ordres avaient été fidèlement exécutés
and he showed him how all his orders had been faithfully carried out

même un tapis de velours avait été posé du palais d'Aladin au sultan
even a velvet carpet had been laid from Aladdin's palace to the Sultan's

La mère d'Aladdin s'habilla alors avec précaution

Aladdin's mother then dressed herself carefully
et elle se dirigea vers le palais avec ses serviteurs
and she walked to the palace with her servants
et Aladdin la suivit à cheval
and Aladdin followed her on horseback
Le sultan envoya des musiciens avec des trompettes et des cymbales pour les rencontrer.
The Sultan sent musicians with trumpets and cymbals to meet them
Alors l'air résonnait de musique et d'acclamations
so the air resounded with music and cheers
Elle a été emmenée chez la princesse, qui l'a saluée
She was taken to the Princess, who saluted her
et elle l'a traitée avec grand honneur
and she treated her with great honour
La nuit, la princesse dit au revoir à son père
At night the Princess said good-by to her father
et elle partit sur le tapis pour le palais d'Aladin
and she set out on the carpet for Aladdin's palace
Sa mère était à ses côtés
his mother was at her side
et ils ont été suivis par leur entourage de serviteurs
and they were followed by their entourage of servants
Elle a été charmée à la vue d'Aladin
She was charmed at the sight of Aladdin
et Aladdin courut la recevoir dans le palais
and Aladdin ran to receive her into the palace
« Princesse, dit-il, blâmez votre beauté pour mon audace
"Princess," he said "blame your beauty for my boldness
« J'espère que je ne vous ai pas déplu »

"I hope I have not displeased you"
Elle a dit qu'elle avait volontairement obéi à son père dans cette affaire.
she said she willingly obeyed her father in this matter
parce qu'elle avait vu qu'il est beau
because she had seen that he is handsome
Après le mariage, Aladdin la conduisit dans la salle.
After the wedding had taken place Aladdin led her into the hall
Ici, un festin était étalé dans la salle
here a feast was spread out in the hall
et elle soupa avec lui
and she supped with him
Après avoir mangé, ils ont dansé jusqu'à minuit
after eating they danced till midnight

Le lendemain, Aladin invita le sultan à visiter le palais.
The next day Aladdin invited the Sultan to see the palace
Ils entrèrent dans la salle avec les quatre et vingt fenêtres
they entered the hall with the four-and-twenty windows
Les fenêtres étaient décorées de rubis, de diamants et d'émeraudes
the windows were decorated with rubies, diamonds, and emeralds
il s'écria : « C'est une merveille du monde ! »
he cried "It is a world's wonder!"
« Il n'y a qu'une seule chose qui me surprend »
"There is only one thing that surprises me"
« Est-ce par hasard qu'une fenêtre a été laissée inachevée? »

"Was it by accident that one window was left unfinished?"
--Non, monsieur, cela a été fait à dessein, répondit Aladin
"No, sir, it was done so by design" replied Aladdin
« J'ai souhaité à Votre Majesté la gloire de terminer ce palais »
"I wished your Majesty to have the glory of finishing this palace"
Le sultan était heureux de recevoir cet honneur.
The Sultan was pleased to be given this honour
et il a envoyé chercher les meilleurs bijoutiers de la ville
and he sent for the best jewellers in the city
Il leur a montré la fenêtre inachevée
He showed them the unfinished window
et il leur ordonna de le décorer comme les autres
and he bade them to decorate it like the others
« Monsieur » répondit leur porte-parole
"Sir" replied their spokesman
« Nous ne trouvons pas assez de bijoux »
"we cannot find enough jewels"
le sultan fit donc aller chercher ses propres bijoux
so the Sultan had his own jewels fetched
Mais ces bijoux ont rapidement été rapidement épuisés
but those jewels were soon soon used up too
Même après un mois, le travail n'était pas à moitié terminé
even after a month's time the work was not half done
Aladdin savait que leur tâche était impossible
Aladdin knew that their task was impossible
Il leur a demandé de défaire leur travail

he bade them to undo their work
et il leur ordonna de ramener les bijoux
and he bade them carry the jewels back
Le génie termina la fenêtre à son ordre
the genie finished the window at his command
Le sultan a été surpris de recevoir à nouveau ses bijoux
The Sultan was surprised to receive his jewels again
il rendit visite à Aladdin, qui lui montra la fenêtre terminée
he visited Aladdin, who showed him the window finished
et le sultan embrassa son gendre
and the Sultan embraced his son in law
pendant ce temps, le vizir envieux soupçonnait l'œuvre d'enchantement
meanwhile, the envious Vizier suspected the work of enchantment
Aladin avait gagné le cœur du peuple par sa douceur
Aladdin had won the hearts of the people by his gentle bearing
Il est nommé capitaine des armées du sultan.
He was made captain of the Sultan's armies
et il a gagné plusieurs batailles pour son armée
and he won several battles for his army
mais il est resté aussi modeste et courtois qu'avant
but he remained as modest and courteous as before
De cette façon, il a vécu dans la paix et le contentement pendant plusieurs années.
in this way he lived in peace and content for several years
Mais loin en Afrique, le magicien se souvenait d'Aladin
But far away in Africa the magician remembered Aladdin
et par ses arts magiques, il découvrit qu'Aladin n'avait

pas péri dans la grotte.
and by his magic arts he discovered Aladdin hadn't perished in the cave
mais au lieu de périr, il s'était échappé et avait épousé la princesse
but instead of perishing he had escaped and married the princess
et maintenant, il vivait dans un grand honneur et une grande richesse
and now he was living in great honour and wealth
Il savait que le fils du pauvre tailleur n'aurait pu accomplir cela qu'au moyen de la lampe.
He knew that the poor tailor's son could only have accomplished this by means of the lamp
et il voyagea nuit et jour jusqu'à ce qu'il atteigne la ville
and he travelled night and day until he reached the city
il était déterminé à s'assurer de la ruine d'Aladin
he was bent on making sure of Aladdin's ruin
Alors qu'il traversait la ville, il a entendu des gens parler
As he passed through the town he heard people talking
Tout ce dont ils pouvaient parler était un palais merveilleux
all they could talk about was a marvellous palace
« Pardonnez mon ignorance », demanda-t-il.
"Forgive my ignorance," he asked
« Quel est ce palais dont vous parlez? »
"what is this palace you speak of?"
« N'avez-vous pas entendu parler du palais du prince Aladin ? » fut la réponse.

"Have you not heard of Prince Aladdin's palace?" was the reply

« C'est la plus grande merveille du monde »
"it is the greatest wonder of the world"

« Je vous dirigerai vers le palais, si vous voulez le voir »
"I will direct you to the palace, if you would like to see it"

Le magicien le remercia de l'avoir amené au palais
The magician thanked him for bringing him to the palace

et ayant vu le palais, il savait qu'il avait été élevé par le Génie de la Lampe
and having seen the palace, he knew that it had been raised by the Genie of the Lamp

Cela le rendit à moitié fou de rage
this made him half mad with rage

Il a décidé de s'emparer de la lampe
He determined to get hold of the lamp

et il plongerait à nouveau Aladin dans la plus grande pauvreté
and he would again plunge Aladdin into the deepest poverty

Malheureusement, Aladdin était parti à la chasse pendant huit jours.
Unluckily, Aladdin had gone a-hunting for eight days

Cela a donné beaucoup de temps au magicien
this gave the magician plenty of time

Il a acheté une douzaine de lampes en cuivre
He bought a dozen copper lamps

et il les a mis dans un panier
and he put them into a basket

et il est allé au palais

and he went to the palace
« De nouvelles lampes pour les anciennes ! » s'exclama-t-il
"New lamps for old!" he exclaimed
et il a été suivi par une foule moqueuse
and he was followed by a jeering crowd
La princesse était assise dans le hall de quatre fenêtres vingt
The Princess was sitting in the hall of four-and-twenty windows
Elle a envoyé un serviteur pour savoir de quoi il s'agissait.
she sent a servant to find out what the noise was about
la servante revint tellement rire que la princesse la gronda
the servant came back laughing so much that the Princess scolded her
--Madame, répondit la servante.
"Madam," replied the servant
« Qui peut s'empêcher de rire quand vous voyez une telle chose? »
"who can help but laughing when you see such a thing?"
« Un vieil imbécile propose d'échanger de belles lampes neuves contre des anciennes »
"an old fool is offering to exchange fine new lamps for old ones"
Un autre serviteur, entendant cela, prit la parole
Another servant, hearing this, spoke up
« Il y a une vieille lampe sur la corniche qu'il peut avoir »
"There is an old lamp on the cornice there which he can

have"
Ceci, bien sûr, était la lampe magique
this, of course, was the magic lamp
Aladdin l'avait laissé là, car il ne pouvait pas l'emmener chasser avec lui
Aladdin had left it there, as he could not take it out hunting with him
La princesse ne connaissait pas la valeur de la lampe
The Princess didn't know know the lamp's value
En riant, elle ordonna au serviteur de l'échanger.
laughingly she bade the servant to exchange it
Le serviteur apporta la lampe au magicien
the servant took the lamp to the magician
« Donnez-moi une nouvelle lampe pour cela » dit-elle
"Give me a new lamp for this" she said
Il l'arracha et ordonna à la servante de faire son choix.
He snatched it and bade the servant to take her choice
et toute la foule se moquait à la vue
and all the crowd jeered at the sight
mais le magicien se souciait peu de la foule
but the magician cared little for the crowd
Il a quitté la foule avec la lampe qu'il avait mise en route pour aller chercher
he left the crowd with the lamp he had set out to get
et il sortit des portes de la ville vers un endroit solitaire
and he went out of the city gates to a lonely place
Il y resta jusqu'à la tombée de la nuit
there he remained till nightfall
Et à la tombée de la nuit, il a sorti la lampe et l'a frottée
and it nightfall he pulled out the lamp and rubbed it

Le génie est apparu au magicien
The genie appeared to the magician
et le magicien fit son ordre au génie
and the magician made his command to the genie
« Portez-moi, la princesse, et le palais dans un endroit isolé en Afrique »
"carry me, the princess, and the palace to a lonely place in Africa"

Le lendemain matin, le sultan regarda par la fenêtre vers le palais d'Aladin
Next morning the Sultan looked out of the window toward Aladdin's palace
Et il se frotta les yeux quand il vit que le palais avait disparu
and he rubbed his eyes when he saw the palace was gone
Il envoya chercher le vizir et demanda ce qu'il était advenu du palais.
He sent for the Vizier and asked what had become of the palace
Le vizir regarda aussi dehors, et fut perdu dans l'étonnement
The Vizier looked out too, and was lost in astonishment
Il l'a de nouveau mis sur le compte de l'enchantement
He again put it down to enchantment
et cette fois le sultan le crut
and this time the Sultan believed him
il envoya trente hommes à cheval chercher Aladin enchaîné
he sent thirty men on horseback to fetch Aladdin in chains
Ils l'ont rencontré en rentrant chez lui

They met him riding home
Ils l'ont ligoté et forcé à les accompagner à pied.
they bound him and forced him to go with them on foot
Les gens, cependant, qui l'aimaient, les suivirent au palais.
The people, however, who loved him, followed them to the palace
Ils s'assureraient qu'il ne subisse aucun mal
they would make sure that he came to no harm
Il a été porté devant le sultan
He was carried before the Sultan
et le sultan ordonna au bourreau de lui couper la tête
and the Sultan ordered the executioner to cut off his head
Le bourreau fit s'agenouiller Aladdin devant un bloc de bois
The executioner made Aladdin kneel down before a block of wood
Il banda ses yeux pour qu'il ne puisse pas voir
he bandaged his eyes so that he could not see
et il leva son cimeterre pour frapper
and he raised his scimitar to strike
À cet instant, le vizir vit que la foule avait pénétré de force dans la cour.
At that instant the Vizier saw the crowd had forced their way into the courtyard
ils escaladaient les murs pour sauver Aladdin
they were scaling the walls to rescue Aladdin
Alors il appela le bourreau à s'arrêter
so he called to the executioner to halt
Le peuple, en effet, avait l'air si menaçant que le sultan a cédé

The people, indeed, looked so threatening that the Sultan gave way
et il ordonna à Aladdin de ne pas lier
and he ordered Aladdin to be unbound
Il lui a pardonné à la vue de la foule
he pardoned him in the sight of the crowd
Aladdin supplia maintenant de savoir ce qu'il avait fait
Aladdin now begged to know what he had done
« Faux misérable ! » dit le sultan « viens là-bas »
"False wretch!" said the Sultan "come thither"
Il lui montra de la fenêtre l'endroit où se trouvait son palais
he showed him from the window the place where his palace had stood
Aladdin était tellement étonné qu'il ne pouvait pas dire un mot
Aladdin was so amazed that he could not say a word
« Où sont mon palais et ma fille ? » demanda le sultan.
"Where is my palace and my daughter?" demanded the Sultan
« Pour le premier, je ne suis pas si profondément inquiet »
"For the first I am not so deeply concerned"
« mais ma fille, je dois l'avoir »
"but my daughter I must have"
« Et vous devez la trouver ou perdre la tête »
"and you must find her or lose your head"
Aladdin supplia qu'on lui accorde quarante jours pour la retrouver
Aladdin begged to be granted forty days in which to find her

Il a promis que s'il échouait, il reviendrait
he promised that if he failed he would return
et à son retour, il mourrait au gré du sultan
and on his return he would suffer death at the Sultan's pleasure
Sa prière a été exaucée par le sultan
His prayer was granted by the Sultan
et il sortit tristement de la présence du sultan
and he went forth sadly from the Sultan's presence
Pendant trois jours, il erra comme un fou
For three days he wandered about like a madman
Il demanda à tout le monde ce qu'il était advenu de son palais.
he asked everyone what had become of his palace
mais ils n'ont fait que rire et avoir pitié de lui
but they only laughed and pitied him
Il est venu sur les rives d'une rivière
He came to the banks of a river
Il s'est agenouillé pour dire ses prières avant de se jeter dedans.
he knelt down to say his prayers before throwing himself in
Ce faisant, il frotta l'anneau magique qu'il portait encore.
In so doing he rubbed the magic ring he still wore
Le génie qu'il avait vu dans la grotte apparut
The genie he had seen in the cave appeared
Et il lui demanda quel était son testament
and he asked him what his will was
« Sauve-moi la vie, génie » dit Aladin
"Save my life, genie" said Aladdin

« Ramenez mon palais »
"bring my palace back"
« Ce n'est pas en mon pouvoir » dit le génie
"That is not in my power" said the genie
« Je ne suis que l'esclave de l'anneau »
"I am only the Slave of the Ring"
« Vous devez lui demander la lampe »
"you must ask him for the lamp"
« Cela pourrait être vrai » dit Aladin
"that might be true" said Aladdin
« Mais tu peux m'emmener au palais »
"but thou canst take me to the palace"
« Mets-moi sous la fenêtre de ma chère femme »
"set me down under my dear wife's window"
Il se retrouva aussitôt en Afrique
He at once found himself in Africa
il était sous la fenêtre de la princesse
he was under the window of the Princess
et il s'est endormi par pure lassitude
and he fell asleep out of sheer weariness
Il a été réveillé par le chant des oiseaux
He was awakened by the singing of the birds
et son cœur était plus léger qu'avant
and his heart was lighter than it was before
Il vit clairement que tous ses malheurs étaient dus à la perte de la lampe.
He saw plainly that all his misfortunes were owing to the loss of the lamp
et il se demanda vainement qui l'avait volé
and he vainly wondered who had robbed him of it
Ce matin-là, la princesse se leva plus tôt que

d'habitude.
That morning the Princess rose earlier than she normally
Une fois par jour, elle était forcée d'endurer la compagnie des magiciens
once a day she was forced to endure the magicians company
Cependant, elle l'a traité très durement.
She, however, treated him very harshly
Alors il n'osait pas vivre avec elle dans le palais
so he dared not live with her in the palace
Alors qu'elle s'habillait, une de ses femmes a regardé dehors et a vu Aladdin
As she was dressing, one of her women looked out and saw Aladdin
La princesse courut et ouvrit la fenêtre
The Princess ran and opened the window
au bruit qu'elle fit Aladdin leva les yeux
at the noise she made Aladdin looked up
Elle l'appela à venir à elle
She called to him to come to her
Ce fut une grande joie pour les amoureux de se revoir
it was a great joy for the lovers to see each other again
Après l'avoir embrassée, Aladdin dit :
After he had kissed her Aladdin said:
« Je t'en prie, Princesse, au nom de Dieu »
"I beg of you, Princess, in God's name"
« Avant de parler d'autre chose »
"before we speak of anything else"
« pour votre propre bien et le mien »
"for your own sake and mine"
« Dis-moi ce qu'il est advenu de la vieille lampe »

"tell me what has become of the old lamp"
« Je l'ai laissé sur la corniche dans le hall des quatre et vingt fenêtres »
"I left it on the cornice in the hall of four-and-twenty windows"
« Hélas ! » dit-elle, « je suis la cause innocente de nos chagrins »
"Alas!" she said, "I am the innocent cause of our sorrows"
et elle lui raconta l'échange de la lampe
and she told him of the exchange of the lamp
« Maintenant je sais » s'écria Aladin
"Now I know" cried Aladdin
« Nous devons remercier le magicien pour cela! »
"we have to thank the magician for this!"
« Où est la lampe? »
"Where is the lamp?"
« Il l'emporte avec lui » dit la princesse
"He carries it about with him" said the Princess
« Je sais qu'il porte la lampe avec lui »
"I know he carries the lamp with him"
« Parce qu'il l'a sorti de sa poitrine pour me le montrer »
"because he pulled it out of his breast to show me"
« Et il veut que je brise ma foi avec toi et que je l'épouse »
"and he wishes me to break my faith with you and marry him"
« Et il a dit que vous aviez été décapité par l'ordre de mon père »
"and he said you were beheaded by my father's command"
« Il dit toujours du mal de vous »

"He is for ever speaking ill of you"
« mais je ne réponds que par mes larmes »
"but I only reply by my tears"
« Si je persiste, je doute que non »
"If I persist, I doubt not"
« Mais il utilisera la violence »
"but he will use violence"
Aladdin réconforta sa femme
Aladdin comforted his wife
et il l'a laissée pendant un certain temps
and he left her for a while
Il a changé de vêtements avec la première personne qu'il a rencontrée dans la ville
He changed clothes with the first person he met in the town
et ayant acheté une certaine poudre, il retourna à la princesse
and having bought a certain powder, he returned to the Princess
la princesse le laissa entrer par une petite porte latérale
the Princess let him in by a little side door
« Mets ta plus belle robe » lui dit-il
"Put on your most beautiful dress" he said to her
« Recevez le magicien avec le sourire aujourd'hui »
"receive the magician with smiles today"
« Amenez-le à croire que vous m'avez oublié »
"lead him to believe that you have forgotten me"
« Invitez-le à souper avec vous »
"Invite him to sup with you"
« et dites-lui que vous voulez goûter le vin de son

pays »
"and tell him you wish to taste the wine of his country"
« Il sera parti pour un certain temps »
"He will be gone for some time"
« Pendant qu'il est parti, je te dirai quoi faire »
"while he is gone I will tell you what to do"
Elle écouta attentivement Aladdin
She listened carefully to Aladdin
et quand il est parti, elle s'est magnifiquement rangée
and when he left she arrayed herself beautifully
Elle ne s'était pas habillée comme ça depuis qu'elle avait quitté sa ville
she hadn't dressed like this since she had left her city
Elle a mis une ceinture et une coiffe de diamants
She put on a girdle and head-dress of diamonds
Elle était plus belle que jamais
she was more beautiful than ever
et elle reçut le magicien avec un sourire
and she received the magician with a smile
« J'ai décidé qu'Aladdin est mort »
"I have made up my mind that Aladdin is dead"
« Mes larmes ne le ramèneront pas à moi »
"my tears will not bring him back to me"
« Je suis donc résolu à ne plus pleurer »
"so I am resolved to mourn no more"
« C'est pourquoi je vous invite à souper avec moi »
"therefore I invite you to sup with me"
« mais je suis fatigué des vins que nous avons »
"but I am tired of the wines we have"
« J'aimerais déguster les vins d'Afrique »
"I would like to taste the wines of Africa"

Le magicien courut dans sa cave
The magician ran to his cellar
et la princesse mit la poudre qu'Aladin lui avait donnée dans sa coupe
and the Princess put the powder Aladdin had given her in her cup
Quand il revint, elle lui demanda de boire sa santé
When he returned she asked him to drink her health
et elle lui tendit sa coupe en échange de son
and she handed him her cup in exchange for his
Cela a été fait comme un signe pour montrer qu'elle était réconciliée avec lui
this was done as a sign to show she was reconciled to him
Avant de boire, le magicien lui fit un discours
Before drinking the magician made her a speech
Il voulait louer sa beauté
he wanted to praise her beauty
mais la princesse l'a coupé court
but the Princess cut him short
« Buvons d'abord »
"Let us drink first"
« et tu diras ce que tu diras après »
"and you shall say what you will afterwards"
Elle posa sa tasse à ses lèvres et la garda là
She set her cup to her lips and kept it there
Le magicien vida sa coupe jusqu'à la lie
the magician drained his cup to the dregs
et à la fin de son verre, il est retombé sans vie
and upon finishing his drink he fell back lifeless
La princesse ouvrit alors la porte à Aladdin
The Princess then opened the door to Aladdin

et elle passa ses bras autour de son cou
and she flung her arms round his neck
mais Aladdin lui demanda de le quitter
but Aladdin asked her to leave him
Il reste encore beaucoup à faire
there was still more to be done
Il est ensuite allé voir le magicien mort
He then went to the dead magician
et il sortit la lampe de son gilet
and he took the lamp out of his vest
Il ordonna au génie de ramener le palais
he bade the genie to carry the palace back
la princesse dans sa chambre n'a ressenti que deux petits chocs
the Princess in her chamber only felt two little shocks
En peu de temps, elle était de nouveau à la maison
in little time she was at home again
Le sultan était assis sur son balcon
The Sultan was sitting on his balcony
Il pleurait sa fille perdue
he was mourning for his lost daughter
Il leva les yeux et dut se frotter les yeux à nouveau
he looked up and had to rub his eyes again
Le palais se tenait là comme il l'avait fait auparavant
the palace stood there as it had before
Il se précipita au palais pour voir sa fille
He hastened over to the palace to see his daughter
Aladin le reçut dans le hall du palais
Aladdin received him in the hall of the palace
et la princesse était à ses côtés
and the princess was at his side

Aladdin lui raconta ce qui s'était passé
Aladdin told him what had happened
et il lui montra le cadavre du magicien
and he showed him the dead body of the magician
pour que le sultan le croie
so that the Sultan would believe him
Une fête de dix jours a été proclamée
A ten days' feast was proclaimed
et il semblait qu'Aladin pourrait maintenant vivre le reste de sa vie en paix.
and it seemed as if Aladdin might now live the rest of his life in peace
mais ce ne devait pas être aussi paisible qu'il l'avait espéré
but it was not to be as peaceful as he had hoped

Le magicien africain avait un frère cadet
The African magician had a younger brother
Il était peut-être encore plus méchant et rusé que son frère
he was maybe even more wicked and cunning than his brother
Il s'est rendu à Aladdin pour venger la mort de son frère.
He travelled to Aladdin to avenge his brother's death
il est allé rendre visite à une femme pieuse appelée Fatima
he went to visit a pious woman called Fatima
Il pensait qu'elle pourrait lui être utile
he thought she might be of use to him
Il est entré dans sa cellule et a frappé un poignard sur

sa poitrine
He entered her cell and clapped a dagger to her breast
Puis il lui a dit de se lever et d'obéir à ses ordres.
then he told her to rise and do his bidding
Et si elle ne le faisait pas, il a dit qu'il la tuerait
and if she didn't he said he would kill her
Il a changé de vêtements avec elle
He changed his clothes with her
et il colorait son visage comme le sien
and he coloured his face like hers
Il a mis son voile pour qu'il lui ressemble
he put on her veil so that he looked just like her
et finalement il l'a assassinée malgré son obéissance
and finally he murdered her despite her compliance
pour qu'elle ne puisse raconter aucune histoire
so that she could tell no tales
Puis il se dirigea vers le palais d'Aladin
Then he went towards the palace of Aladdin
Tout le monde pensait qu'il était la Sainte Femme
all the people thought he was the holy woman
Ils se rassemblèrent autour de lui pour lui baiser les mains
they gathered round him to kiss his hands
et ils implorèrent sa bénédiction
and they begged for his blessing
Quand il arriva au palais, il y eut une grande agitation autour de lui
When he got to the palace there a great commotion around him
La princesse voulait savoir de quoi il s'agissait.
the princess wanted to know what all the noise was about

Alors elle ordonna à son serviteur de la regarder par la fenêtre pour la trouver.
so she bade her servant to look out of the window for her
et sa servante lui demanda de quoi servait le bruit.
and her servant asked what the noise was all about
Elle a découvert que c'était la Sainte Femme qui causait l'agitation
she found out it was the holy woman causing the commotion
Elle guérissait les gens de leurs maux en les touchant
she was curing people of their ailments by touching them
la princesse désirait depuis longtemps voir Fatima
the Princess had long desired to see Fatima
Alors elle demande à son serviteur de lui demander d'entrer dans le palais
so she get her servant to ask her into the palace
et la fausse Fatima accepta l'offre dans le palais
and the false Fatima accepted the offer into the palace
Le magicien a offert une prière pour sa santé et sa prospérité
the magician offered up a prayer for her health and prosperity
la princesse le fit asseoir près d'elle
the Princess made him sit by her
et elle l'a supplié de rester avec elle
and she begged him to stay with her
La fausse Fatima ne souhaitait rien de mieux
The false Fatima wished for nothing better
et elle consentit au souhait de la princesse
and she consented to the princess' wish
mais il a gardé son voile baissé

but he kept his veil down
parce qu'il savait qu'il serait découvert autrement
because he knew that he would be discovered otherwise
La princesse lui montra la salle
The Princess showed him the hall
et elle lui a demandé ce qu'il en pensait
and she asked him what he thought of it
« C'est vraiment beau » dit la fausse Fatima
"It is truly beautiful" said the false Fatima
« Mais dans mon esprit, votre palais veut toujours une chose »
"but in my mind your palace still wants one thing"
« Et qu'est-ce que c'est? » demanda la princesse
"And what is that?" asked the Princess
« Si seulement un œuf de Roc était suspendu au milieu de ce dôme »
"If only a Roc's egg were hung up from the middle of this dome"
« Alors ce serait la merveille du monde », a-t-il dit.
"then it would be the wonder of the world" he said
Après cela, la princesse ne pouvait penser à rien d'autre qu'à l'œuf du Roc
After this the Princess could think of nothing but the Roc's egg
quand Aladdin revint de chasse, il la trouva de très mauvaise humeur
when Aladdin returned from hunting he found her in a very ill humour
Il a supplié de savoir ce qui n'allait pas
He begged to know what was amiss
et elle lui raconta ce qui avait gâché son plaisir

and she told him what had spoiled her pleasure

« Je suis rendu malheureux par le manque d'un œuf de Roc »
"I'm made miserable for the want of a Roc's egg"

--Si c'est tout ce que tu veux, tu seras bientôt heureux, répondit Aladin.
"If that is all you want you shall soon be happy" replied Aladdin

Il la quitta et frotta la lampe
he left her and rubbed the lamp

quand le génie apparut, il lui ordonna d'apporter un œuf de Roc
when the genie appeared he commanded him to bring a Roc's egg

Le génie poussa un cri si fort et terrible que la salle trembla
The genie gave such a loud and terrible shriek that the hall shook

« Misérable ! s'écria-t-il, n'est-il pas suffisant que j'aie tout fait pour toi ? »
"Wretch!" he cried, "is it not enough that I have done everything for you?"

« Mais maintenant tu m'ordonnes d'amener mon maître »
"but now you command me to bring my master"

« Et tu veux que je le suspende au milieu de ce dôme »
"and you want me to hang him up in the midst of this dome"

« Vous et votre femme et votre palais méritez d'être réduits en cendres »
"You and your wife and your palace deserve to be burnt to

ashes"
« Mais cette demande ne vient pas de vous »
"but this request does not come from you"
« La demande vient du frère du magicien »
"the demand comes from the brother of the magician"
« Le magicien que vous avez détruit »
"the magician whom you have destroyed"
« Il est maintenant dans votre palais déguisé en sainte femme »
"He is now in your palace disguised as the holy woman"
« La vraie sainte femme qu'il a déjà assassinée »
"the real holy woman he has already murdered"
« C'est lui qui a mis ce souhait dans la tête de votre femme »
"it was him who put that wish into your wife's head"
« Prenez soin de vous, car il veut vous tuer »
"Take care of yourself, for he means to kill you"
En disant cela, le génie disparut
upon saying this the genie disappeared
Aladdin retourna à la princesse
Aladdin went back to the Princess
Il lui a dit que sa tête lui faisait mal
he told her that his head ached
alors elle a demandé que la sainte Fatima soit récupérée
so she requested the holy Fatima to be fetched
Elle pouvait poser ses mains sur sa tête
she could lay her hands on his head
et son mal de tête serait guéri par ses pouvoirs
and his headache would be cured by her powers
quand le magicien s'approcha d'Aladdin saisit son

poignard
when the magician came near Aladdin seized his dagger
et il l'a transpercé dans le cœur
and he pierced him in the heart
« Qu'avez-vous fait ? » s'écria la princesse
"What have you done?" cried the Princess
« Vous avez tué la sainte femme! »
"You have killed the holy woman!"
« Ce n'est pas ainsi » répondit Aladin
"It is not so" replied Aladdin
« J'ai tué un méchant magicien »
"I have killed a wicked magician"
et il lui raconta comment elle avait été trompée
and he told her of how she had been deceived
Après cela, Aladin et sa femme vécurent en paix
After this Aladdin and his wife lived in peace
Il succéda au sultan à sa mort.
He succeeded the Sultan when he died
Il a régné sur le royaume pendant de nombreuses années
he reigned over the kingdom for many years
et il laissa derrière lui une longue lignée de rois
and he left behind him a long lineage of kings

La fin / The End

www.tranzlaty.com

www.ingramcontent.com/pod-product-compliance
Lightning Source LLC
Chambersburg PA
CBHW030311100526
44590CB00012B/597